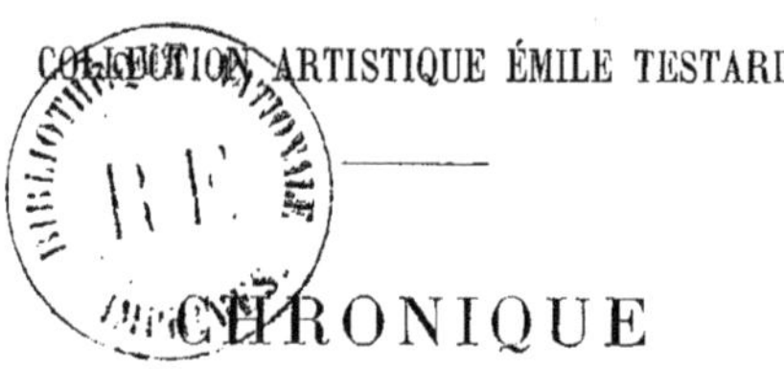

COLLECTION ARTISTIQUE ÉMILE TESTARD

CHRONIQUE

DU RÈGNE DE

CHARLES IX

EAUX-FORTES

JUSTIFICATION DU TIRAGE

IL A ÉTÉ FAIT UN TIRAGE EN GRAND PAPIER

AINSI COMPOSÉ :

50 exemplaires sur papier du Japon (quatre états)	1 à 50
25 exemplaires sur papier de Chine (quatre états)	51 à 75
25 exemplaires sur papier du Marais (deux états)	76 à 100

PROSPER MÉRIMÉE

CHRONIQUE

DU RÈGNE DE

CHARLES IX

COMPOSITIONS

DE

ÉDOUARD TOUDOUZE

GRAVÉES A L'EAU-FORTE PAR EUGÈNE ABOT

PRÉFACE PAR FRANCISQUE SARCEY

PARIS
ÉMILE TESTARD ET Cie, ÉDITEURS
10, RUE DE CONDÉ, 10

1890

PRÉFACE

Ce n'est point ici une étude de Prosper Mérimée que je tente. Elle a été essayée plus d'une fois, et notamment dans la préface que M. Hippolyte Taine a mise au volume qui a pour titre : *Lettres à une Inconnue*. Je ne veux que justifier le choix qui a été fait de la *Chronique du règne de Charles IX* par l'éditeur de ce merveilleux volume. Il a prétendu donner à un chef-d'œuvre un habillement digne de lui. Et peut-être n'est-il pas mauvais de repasser les considérations qui ont déterminé les connaisseurs à tenir la *Chronique du règne de Charles IX* pour un chef-d'œuvre authentique.

La *Chronique du règne de Charles IX* est de 1829 ; comme Prosper Mérimée était né en 1803, il avait donc vingt-six ans quand il l'écrivit. On peut dire que c'était son premier ouvrage, car il n'avait encore publié que le *Théâtre de Clara Gazul* et *la Guzla*, qui n'avaient point paru sous son nom. Le succès en fut très grand, au moins parmi les lettrés. Je ne crois pourtant pas que ce succès ait pénétré bien profondément dans la masse, ni qu'il se soit prolongé très longtemps. Quand j'arrivai à l'âge d'homme, vers 1848, nous raffolions de Mérimée ; mais c'était *Colomba, la Vénus d'Ille, l'Enlèvement de la redoute,* et cette série de courtes nouvelles, réunies en un volume par Charpentier, qui nous ravissaient et que nous lisions avec transport. Plus tard, nous avions été charmés de cette *Carmen*, dont Meilhac et Halévy devaient tirer un jour un livret pour l'opéra-comique de Bizet. Mais nous connaissions à peine la *Chronique du règne de Charles IX*. Le roman historique n'était plus en faveur, comme il l'avait été longtemps, et la *Chronique de Charles IX*, qui appartenait à un genre démodé, n'exerçait plus sur nos esprits une séduction aussi vive. Je sais, parmi mes contemporains, nombre de jeunes gens qui l'admiraient sur parole, et n'en avaient pas même lu une page. Ils se contentaient de savoir que, de ce livre, Scribe avait fait sortir deux des plus incontestables chefs-d'œuvre de la musique dramatique : *le Pré-aux-Clercs* et *les Huguenots*. On le leur avait dit, tout au moins, et ils aimaient mieux le croire que d'y aller voir.

Je suis convaincu que si l'on faisait le compte des éditions de *Colomba* ou de *Carmen*, et qu'on s'amusât à le comparer au nombre d'exemplaires de la *Chronique de Charles IX* écoulés dans le public, la différence serait énorme. Toute ma génération s'était détachée de ce livre, et plus encore naturellement les générations qui nous avaient suivis. Car les jeunes gens lisent moins que nous ne faisions, et ce ne sont pas eux qui s'en iraient repêcher, dans l'Océan sans fond de la littérature, les ouvrages en train de disparaître.

Et c'est un des services que rendent les éditeurs, qui choisissent un ouvrage pour l'imprimer avec luxe et l'illustrer de dessins qui soient un régal pour les yeux des amateurs : ils le rejettent pour un temps dans la circulation; ils ramènent l'attention sur lui ; ils nous obligent à reviser les jugements tout faits que nous en avons portés. J'avoue que, pour moi, sans cette occasion qui m'a été donnée de relire et d'étudier de fort près la *Chronique de Charles IX*, j'en serais resté à cette admiration traditionnelle et vague, qui ressemble terriblement à l'indifférence.

La *Chronique de Charles IX* est une œuvre de premier ordre.

La composition en est merveilleuse. L'auteur veut nous donner une idée des mœurs de ce temps, qui a vu, fait, et applaudi l'abominable massacre de la Saint-Barthélemy. Il nous a donc tour à tour, et chapitre à chapitre, menés par la main dans tous les milieux, où nous pouvons nous pénétrer de cette civilisation à la fois violente et raffinée, tumultueuse et galante.

Mérimée, dans la préface qu'il a écrite en tête de la *Chronique du règne de Charles IX,* prend soin d'exposer une théorie, qui était sans doute nouvelle alors, mais avec qui depuis nous ont familiarisé les ouvrages de Stendhal : c'est que les actions des hommes du XVIe siècle ne doivent pas être jugés avec nos idées du XIXe. Ce qui est crime dans un état de civilisation perfectionné n'est que trait d'audace dans un état de civilisation moins avancé, et peut-être est-ce une action louable dans un état de barbarie. Vers 1500, un assassinat ou un empoisonnement n'inspiraient pas la même horreur qu'ils inspirent aujourd'hui. Un gentilhomme tuait sous prétexte de trahison ; il demandait sa grâce, l'obtenait, et reparaissait dans le monde sans que personne songeât à lui faire mauvais visage. Quelquefois même, si le meurtre était l'effet d'une vengeance légitime, on parlait de l'assassin comme on parle aujourd'hui d'un galant homme, lorsque, grièvement offensé par un faquin, il le tue en duel.

Et de même, à cette époque, on n'avait pas sur les amours et les liaisons illégitimes les mêmes préjugés étroits qui nous gouvernent aujourd'hui. C'était un siècle de volupté, et les femmes de la cour se faisaient un honneur d'avoir des servants qui portassent publiquement leurs couleurs et défendissent, à la pointe de l'épée, l'honneur de leurs maîtresses.

Il s'agissait pour Mérimée de nous initier à ces mœurs, sans oublier jamais que son récit avait pour objectif la nuit de la

Saint-Barthélemy. Il a choisi avec un art admirable les scènes qui devaient nous faire connaître ce temps, et il les a peintes, l'une après l'autre, avec une rare sobriété et une puissance étonnante.

Le roman s'ouvre : Bernard de Mergy arrive dans une auberge où des reîtres font ripaille. Ce sont des soldats huguenots, et Mergy est lui-même huguenot. Il vient de sa province pour offrir ses services à l'amiral. Il n'en est pas moins volé de son cheval par ces bandits, dépouillé de son argent par la bohémienne qui les accompagne. Comme on sent, à lire cette scène de buverie, de querelles et de rixes, qu'il n'y a de sûreté pour personne dans le pays, ravagé par la guerre civile; que tout est en proie à la soldatesque; qu'il faut sans cesse avoir, pour protéger sa bourse, sa vie ou son honneur, l'épée ou le pistolet au poing!

Lisez avec attention ces vingt pages : que de renseignements, sur la vie et les mœurs de l'époque, l'auteur a su y faire tenir sans avoir l'air d'y prendre garde! Il n'y a pas un trait qui ne soit juste et pittoresque tout ensemble. Déjà Mérimée avait cette sobriété et cette netteté dont il devait plus tard donner tant de preuves dans ses nouvelles, où il fera tenir tout un roman en un raccourci de quelques pages.

Et comme, à travers tous ces documents rassemblés avec art, la narration file, vive et égayée de circonstances amusantes! Qu'y a-t-il de plus plaisant que maître Eustache montant à la chambre de Mergy pour lui réclamer de l'argent, tandis que Mergy ouvre sa porte pour aller se plaindre au juge du lieu ?

« Mergy mettait le pied sur la première marche de l'escalier, quand une troupe ennemie se présente inopinément à sa rencontre. L'hôte marchait le premier, une vieille hallebarde à la main; trois marmitons, armés de broches et de bâtons, le suivaient de près; un voisin, avec une arquebuse rouillée, formait l'arrière-garde. De part et d'autre on ne s'attendait pas à se rencontrer si tôt. Cinq ou six marches seulement séparaient les deux partis ennemis. Mergy laissa tomber sa valise et saisit un de ses pistolets. Ce mouvement hostile fit voir à maître Eustache et à ses acolytes combien leur ordre de bataille était vicieux. Ainsi que les Perses à la bataille de Salamine, ils avaient négligé de choisir une position où leur nombre pût se déployer avec avantage... »

Mais je m'arrête; c'est une merveille de plaisanterie légère que ce récit. Jamais Mérimée n'a conté avec une grâce plus alerte et plus spirituelle.

Mergy entre à Paris, où il retrouve son frère George, qui, lui, s'est converti au papisme et sert dans les chevau-légers du roi. Et voilà que le romancier nous présente un autre aspect de la vie de cette époque, nous transporte dans un autre milieu. George est en compagnie de quelques jeunes seigneurs qui vont souper et s'enivrer au cabaret. On invite Bernard, et il écoute avec étonnement leur conversation débridée, mêlée de gros mots, de propos galants, d'injures qui dégénèrent en querelle. Deux d'entre eux mettent, séance tenante, flamberge au vent; l'un tombe à demi mort; il n'en est que cela; on le confie au chirurgien et l'on se remet à boire. Tous ces jeunes seigneurs se moquent de la messe et des moines, ce qui scandalise fort Bernard; quelques-uns ont la dévotion superstitieuse; aucun n'a de vraie religion.

Il n'y a guère que George qui, ne croyant à rien, se soit rendu compte de son incrédulité. Mais George, c'est Mérimée lui-même, qui a prêté sa philosophie à l'un de ses héros. « Papistes, huguenots! dit-il, superstition des deux parts! Je ne sais point croire à ce que ma raison me montre comme absurde. Protestant, je ne croyais pas au prêche; catholique, je ne crois pas davantage à la messe. Les atrocités de nos guerres civiles ne suffiraient-elles pas pour déraciner la foi la plus robuste? »

C'est évidemment Mérimée qui parle. Ce George traversera tout le roman, philosophant ainsi sur ce qu'il voit, et laissant tomber sur les sottises ou les abominations dont il est témoin un regard sceptique, tout chargé d'une mélancolie dédaigneuse. Et peut-être est-ce là le point faible de ce beau livre. Les personnages qu'il met en scène n'ont pas une personnalité distincte ni une vie propre. George représente la philosophie du XIXe siècle : ni Bernard ni ses amis n'ont une physionomie particulière. Les mœurs générales de l'époque sont peintes avec infiniment de soin, de vérité et de force; on connaît, quand on a lu la *Chronique du règne de Charles IX*, toutes les faces de cette société; aucun des héros du roman ne laisse dans la mémoire une image nette et vivante. Ce sont des abstractions que l'auteur promène à travers des scènes d'une exactitude et d'un pittoresque rares.

Au sortir du dîner, nous allons au sermon, et l'auteur nous fait faire connaissance avec l'éloquence populaire de ces moines qui, comme Frère Lubin, remuaient la grosse foule en même temps qu'ils amusaient les hommes de la cour, à force de plaisanteries grossières, de *concetti* énormes, et parfois même de brutalités obscènes.

Mérimée nous mène ensuite chez l'amiral, où il nous fait assister à une scène qui peint bien les mœurs du temps. Un inconnu s'est présenté et a remis à Coligny une lettre d'un aspect douteux :

« — N'ouvrez pas! crie-t-on à l'amiral, elle est peut-être empoisonnée. »

Et Bernard, qui vient d'être présenté, se jette sur la lettre, et, la décachetant, voit s'élargir autour de lui le cercle des assistants qui reculent effrayés. Et tout de suite vous pensez à la théorie que Mérimée a formulée lui-même, et qui est celle de son ami Stendhal :

« Je n'aime, a-t-il dit, dans l'histoire que les anecdotes, et, parmi les anecdotes, je préfère celles où j'imagine trouver une peinture vraie des mœurs et des caractères à une époque donnée. Ce goût n'est pas très noble; mais, je l'avoue à ma honte, je donnerais volontiers Thucydide pour les mémoires authentiques d'Aspasie et d'un esclave de Périclès. Car les mémoires, qui sont des causeries familières de l'auteur avec son lecteur, fournissent seuls les portraits de l'*homme* qui m'amusent et m'intéressent... »

Ces anecdotes, c'est ce que Stendhal appelait « les petits faits probants ». Eh bien, cette lettre, où l'on suppose un poison qui doit tuer l'amiral, et qu'un jeune homme ouvre croyant s'exposer à la mort, c'est là une de ces anecdotes, un de ces petits faits probants qui révèlent, mieux que de longues et doctes dissertations, l'état des esprits et des mœurs à une époque. Et c'est précisément parce que la *Chronique du règne de Charles IX* abonde en anecdotes de cette espèce, qu'elle est une manière de chef-d'œuvre.

L'auteur nous mène enfin à la cour. Il a cru devoir, avant de nous y introduire, écrire, sous forme de dialogue entre lui et son lecteur, une sorte de préface où il s'accuse ironiquement de ne pas donner sur ses personnages, sur leurs costumes, sur leurs façons d'être, des détails de *couleur locale* qui étaient à la mode en ce temps-là dans les romans historiques. Il est possible qu'en 1829 cette préface ait paru une moquerie fort spirituelle des ridicules que comportait le genre ; nous souhaiterions que l'auteur l'eût fait disparaître. C'est un lambeau de polémique qui ne tient plus à rien, ne rime à rien et n'a aucun intérêt.

A la cour, nous faisons connaissance avec la belle Diane de Turgis. En dix lignes, Mérimée en trace un portrait ineffaçable. Toutes les scènes qui suivent sont d'une vérité et d'une grâce incomparables : le gant tombé des mains de la dame, ramassé par le terrible Comminges, au nez et à la barbe du pauvre Mergy ; le duel arrangé entre les deux rivaux, dans une partie de chasse, le reliquaire d'or attaché au cou de Mergy par la belle comtesse, la rencontre au Pré-aux-Clercs, et Comminges tué par son jeune rival ; toute cette histoire si émouvante nous a été gardée par le théâtre, et il est impossible de relire aujourd'hui le récit rapide et pathétique de Mérimée, sans songer au trait douloureux de violoncelle qui accompagne la phrase funèbre de l'opéra-comique : il est mort !

Ce qu'il y a de charmant dans ce livre, c'est que Mérimée ne surfait pas son héros. Mergy est fort ennuyé d'aller se battre avec un bretteur de la force de Comminges ; il ne recule point, mais il se rend sans enthousiasme sur le pré, et quand, par un hasard imprévu, il a, d'un coup de dague, porté le coup mortel à son adversaire, il se prend à trembler de tous ses membres. Bernard de Mergy et son frère George sont des hommes de notre temps, égarés dans une autre civilisation, et derrière eux, il semble que l'on voie poindre toujours le sourire ironique de Mérimée.

Mergy, légèrement blessé, a été confié à une vieille qui est à la fois sorcière et entremetteuse. Et ce nous est une occasion d'assister à une conjuration des esprits, comme il devait s'en faire beaucoup à cette époque de crédulité. La comtesse vient — et c'est encore un trait du temps — masquée, chez ce jeune homme qu'elle aime en secret ; elle s'amuse à le taquiner sur sa bonne fortune avant de se livrer à lui, et rien ne peint mieux la femme du XVIe siècle, que le mouvement soudain, par lequel, éteignant la lampe, elle se jette dans les bras de cet amant qui hésite et n'ose pas oser :

« — Vous n'êtes pas un cavalier, lui dit-elle, vous êtes un moine ! »

Et elle s'abandonne.

Les conversations de ces deux amants sont bien plaisantes, et j'imagine que Mérimée ne les a pas écrites, sans qu'un sourire ironique vînt plisser sa lèvre. Ce sourire ironique, nous le voyons; nous le devinons tout au moins, et peut-être est-ce là un tort. Tous deux entremêlent aux propos d'amour les discussions théologiques : car Diane veut convertir son amant; et lui, il s'échappe sans cesse à lui citer la Bible.

Le récit s'achemine ainsi, de tableaux de mœurs en tableaux de mœurs, à la Saint-Barthélemy. Vous pensez bien que je ne vais pas discuter avec le romancier l'explication qu'il donne de ce massacre. Il a l'air d'y tenir; moi, elle m'est indifférente. Tout ce que je lui demande, c'est que le récit soit émouvant. Eh bien, je ne sais rien de plus terrible que cette page où le romancier nous montre Mergy, qui traverse, ignorant de ce qui se passe, la grande ville aux premières ombres de la nuit et s'étonne de l'animation inaccoutumée des rues. Toutes les personnes qu'il rencontre et qu'il interroge, répondent à ses questions par ces paroles énigmatiques :

« — Nous allons au Louvre, pour le divertissement de cette nuit. »

Cette parole funèbre, qui tombe à intervalles réguliers dans le silence de la nuit, produit un effet singulier de mystère et d'horreur. Jamais on n'est arrivé par des moyens plus simples à exciter une émotion plus vive. Il pèse sur tout le commencement de ce chapitre une sourde et anxieuse attente; on se sent comme oppressé de terreur.

Les Huguenots ont rendu populaire la scène capitale du roman, celle où Mergy, aux bras de sa maîtresse, entend au dehors les cris des égorgeurs et les plaintes des massacrés. Le romancier aurait pu conclure son récit, comme l'a fait plus tard l'homme de théâtre, par un dénouement héroïque : Mergy s'arrachant des étreintes de Diane, sautant par la fenêtre et allant se faire tuer avec ses frères. Mais ces dénouements n'étaient pas dans le tempérament de Mérimée; son intention, au reste, était de marquer d'une façon plus affreuse encore ce qu'il y a d'abominable dans les guerres de religion. Il tenait à ce que l'un des deux frères pérît de la main de l'autre.

Il a donc laissé Bernard échapper au massacre, dans la maison de Diane où il vit caché quelque temps. Bernard se sauve enfin déguisé en moine, et c'est un prétexte à l'auteur pour étaler à nos yeux les suites de cette effroyable boucherie. Il a peint d'un trait sobre et énergique ces cadavres roulant, la face en l'air, emportés par les eaux de la Seine et de la Loire, et criant vengeance au ciel. Il nous a montré les fureurs et le découragement du parti huguenot, après ce terrible coup.

Mergy s'est réfugié à La Rochelle, où les réformés tiennent encore contre les troupes royales. Je ne sais rien de plus héroïque tout à la fois et de plus douloureux que le récit de ce siège, où se profile la silhouette triste et superbe de La Noue. La Noue, qui fait son devoir de soldat en se battant avec les huguenots, ne cesse de les exhorter à la soumission; il se fait traiter de lâche par les bourgeois qui n'ont jamais vu le feu. A ses côtés, combat Mergy, désabusé, mais vaillant, qui prend part à toutes les expéditions.

Dans la dernière, dans celle qui clôt le roman, Béville est blessé à mort dans le parti royaliste, et, près de lui, un officier de chevau-légers que Mergy n'a reconnu qu'au moment où il commandait le feu : c'était son frère.

George meurt en philosophe, comme il avait vécu. Mérimée se donne le plaisir de mettre aux prises, à son chevet, un moine catholique et un pasteur protestant qui se disputent cette âme de choix, et se chargent, au nom du Dieu de paix, d'invectives et d'injures. George les repousse également; il ne demande, pour bien mourir, qu'un verre de vin ou d'eau-de-vie; car il a une soif terrible. Pour Béville, qui n'est qu'un faux incrédule, un athée mauvais teint, il demande à George de lui jurer sa parole d'honneur qu'il n'y a rien au delà du trépas, et comme l'autre envoie promener ce nigaud, il prend le parti le plus sûr, qui est de se confesser et de demander l'absolution de ses fautes.

« Bernard se consola-t-il? interroge Mérimée en concluant ce récit. Diane prit-elle un autre amant? Je le laisse à décider au lecteur qui, de la sorte, terminera toujours le roman à son gré. »

Tel est le volume : il a survécu et survivra sans doute longtemps encore aux romans historiques, qui ont, comme ceux de Walter Scott, enchanté notre jeunesse, et qu'il est à peu près impossible de relire aujourd'hui. Les jeunes filles même s'y ennuient. C'est que la *Chronique du règne de Charles IX* est un chef-d'œuvre court et sobre; c'est qu'il se compose d'une série de scènes, choisies avec un goût sûr, dont chacune présente, sous une forme nouvelle, l'époque que l'ouvrage prétend traduire à nos yeux; c'est qu'à travers tout le récit court une veine d'esprit ironique, et qu'en France nous avons le goût inné de la *blague*, surtout lorsqu'elle est discrète et voilée. C'est qu'enfin le style est d'une propriété, d'une netteté, d'une fermeté et d'une rapidité admirables. Ce n'est pas la grâce aisée de Voltaire : Mérimée a la touche moins légère et moins vive; mais la langue est aussi saine et aussi probe. La *Chronique du règne de Charles IX* a soixante ans de date; on n'y rencontrerait pas un tour qui se soit démodé, un mot qui ait vieilli. Où sont les livres de la période romantique dont on pourrait faire le même éloge? Tous sont plus ou moins milhuitcentrentesques. Mérimée, seul, n'a pas bougé.

FRANCISQUE SARCEY.

LISTE DES GRAVURES

Edouard Toudouze inv. Eugène Abot sc.

EMILE TESTARD & Cie EDITEURS

Imp. Chardon Wittmann.

Edouard Toudouze inv.

Eugène Abot sc.

EMILE TESTARD & Cie EDITEURS

Imp. Chardon Wittmann

Edouard Toudouze inv. Eugène Abot sc.

EMILE TESTARD & Cie ÉDITEURS

Imp Chardon Wittmann

Édouard Toudouze inv. Eugène Abot sc.

ÉMILE TESTARD & Cie ÉDITEURS

Imp. Chardon Wittmann

Edouard Tondouze inv. Eugène Abot sc

I

EMILE TESTARD & Cie EDITEURS

Imp. Chardon Wittmann

Edouard Toudouze inv — Eugène Abot sc

EMILE TESTARD & Cie ÉDITEURS

Imp. Chardon Wittmann

Edouard Toudouze inv. Eugène Abot sc.

EMILE TESTARD & Cie EDITEURS

Imp. Chardon Wittmann

Edouard Toudouzé inv. Eugène Abot sc.

EMILE TESTARD & Cie EDITEURS
Imp. Chardon Wittmann

www.ingramcontent.com/pod-product-compliance
Ingram Content Group UK Ltd.
Pitfield, Milton Keynes, MK11 3LW, UK
UKHW022200190726
13855UKWH00004B/1554

9 782013 367356